BEI GRIN MACHT SICH IHR
WISSEN BEZAHLT

- Wir veröffentlichen Ihre Hausarbeit,
  Bachelor- und Masterarbeit

- Ihr eigenes eBook und Buch -
  weltweit in allen wichtigen Shops

- Verdienen Sie an jedem Verkauf

Jetzt bei www.GRIN.com hochladen
und kostenlos publizieren

Bibliografische Information der Deutschen Nationalbibliothek:

Die Deutsche Bibliothek verzeichnet diese Publikation in der Deutschen National-bibliografie; detaillierte bibliografische Daten sind im Internet über http://dnb.d-nb.de/ abrufbar.

Impressum:

Copyright © 2017 GRIN Verlag
Druck und Bindung: Books on Demand GmbH, Norderstedt Germany
ISBN: 9783668806627

Dieses Buch bei GRIN:

https://www.grin.com/document/438807

Saskia Schmidt

Sportanlagen- und Sportstättenmanagement. Sportstättenbau, kommunale Sportentwicklung, Digitale Vermarktung von Sportanlagen und Finanzierung und Betrieb von Sportanlagen

GRIN Verlag

GRIN - Your knowledge has value

Der GRIN Verlag publiziert seit 1998 wissenschaftliche Arbeiten von Studenten, Hochschullehrern und anderen Akademikern als eBook und gedrucktes Buch. Die Verlagswebsite www.grin.com ist die ideale Plattform zur Veröffentlichung von Hausarbeiten, Abschlussarbeiten, wissenschaftlichen Aufsätzen, Dissertationen und Fachbüchern.

Besuchen Sie uns im Internet:

http://www.grin.com/

http://www.facebook.com/grincom

http://www.twitter.com/grin_com

Deutsche Hochschule für

Prävention und Gesundheitsmanagement

Hermann Neuberger Sportschule 3

66123 Saarbrücken

Einsendeaufgabe

Fachmodul: Sportanlagen – und Sportstättenmanagement

Studiengang: Sportökonomie

Datum
Präsenzphase   **04. - 07.06.2018**

Name, Vorname: Schmidt, Saskia Selina

Studienort: **Hamburg**

Semester: **Wintersemester 2015**

Inhaltsverzeichnis

1 Sportanlagen – und Sportstättenbau

Im Folgenden werden anhand des PLANNET-Diagrammes und der Netzplantechnik die Schritte des Baus einer Sportstätte dargestellt.

Tab. 1: PLANNET (eigene Darstellung)

	1	2	3	4	5	6	7	8	9	10	11	12	13	14	15	16	Dauer	Monate	Pufferzeit		
Markt- und Bedarfsanalyse																					
Standortwahl																					
Sportverhaltens- und Nutzungsanalyse																					
Raumprogramm-und Funktionsanalyse																					
Konzeptualisierung mit Kostenschätzung und Betriebskostenanalyse																					
Machbarkeit und Finanzierung klären																					
Planung und Festlegung der Baudetails																					
Realisierung des Baus																					
Betrieb der Sporthalle																				→	→
Monate	1	2	3	4	5	6	7	8	9	10	11	12	13	14	15	16	17-24	25-38......	39.	....	....

Nun folgt die Netzplantechnik in eigener Darstellung.

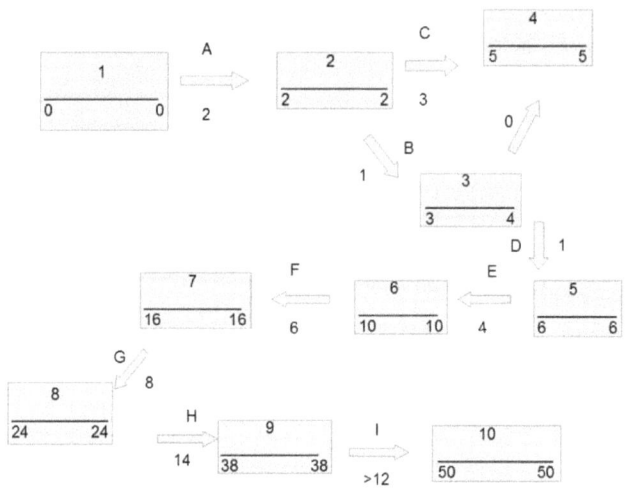

Abb. 1: Netzplantechnik (eigene Darstellung)

Wie in der Abbildung der Netzplantechnik bereits deutlich wird, kann der Bau der Sportanlage erst nach frühestens 38 Monaten begonnen werden.

2 Kommunale Sportentwicklungsplanung

2.1 Grundformel zur Berechnung des Sportstättenbedarfs

Im Folgenden wird die allgemeine Grundformel zur Berechnung des Sportstättenbedarfs dargestellt und erläutert.

Sportbedarf (Sportler x Häufigkeit x Dauer) x Zuordnungsfaktor

Belegungsdichte x Nutzungsdauer x Auslastungsfaktor

= Sportstättenbedarf

Abb. 2: Grundformel zur Berechnung des Sportstättenbedarfs (Hübner, H. & Wulf, O. , 2015)

4

Nun werden die einzelnen Punkte der Formel genauer erklärt. Der Sportbedarf setzt sich aus drei Parametern zusammen. Die Sportler sind alle Personen, die eine Sportanlage nutzen möchten und die Häufigkeit gibt die Anzahl an Sportübungen an, die pro Woche stattfinden. Der letzte Parameter, die Dauer, beschreibt im Durchschnitt den Zeitaufwand des Sportlers für seine ausgeübte Sportart.

Der Sportbedarf wird nun mit dem Zuordnungsfaktor multipliziert. Durch den Zuordnungsfaktor wird festgelegt, auf welcher Sportanlage welcher Anteil einer Sportart ausgeführt wird (BISP, 2000, S.27).

Der errechnete Wert wird dann durch das Produkt von Nutzungsdauer, Belegungsdichte und Auslastungsfaktor dividiert.

Die Nutzungsdauer gibt die Zeit (Std/Wo) an, in der die Sportanlage genutzt wird, während die Belegungsdichte die Anzahl der Sportler angibt, die gleichzeitig in einem Zeitraum die gleiche Sportart ausüben (Bach, 2004a, S. 104). Als letzter Parameter bleibt nun noch der Auslastungsfaktor, mit dem das Verhältnis zwischen der tatsächlichen Auslastung einer Sportanlage und der maximal möglichen Auslastung berechnet wird (Bach, 2004a, S.103).

2.2 Berechnung des Sportstättenbedarfs

Im Folgenden wird der Sportbedarf und der Auslastungsfaktor für den Fußballsport in der Stadt Mannheim berechnet.

$$\{(24.000 \times 1,5 \times 1,8) \times 0,5\} : 25 \times 30 \times X = 70$$

$$\rightarrow 32.400 : 750X = 70 \qquad | \times 750$$

$$32.400 = 52.500x \qquad | : 52.500$$

$$X = 0,61$$

Sportbedarf: Sportler x Häufigkeit x Dauer

$$24.000 \times 1,5 \times 1,8 = 64.800$$

Der Auslastungsfaktor beträgt 0,61 und der Sportbedarf 64.800.

2.3 Förderinteressenten

„Während die Bundesregierung ausschließlich den Breitensport fördert, besitzen die Bundesländer und Kommunen lediglich Förderinteressen am Spitzensport."

Meiner Meinung nach lässt sich diese Aussage negieren. Um dies zu belegen, werden im nachfolgenden Text die Förderinteressen der Kommunen und Bundesländer, sowie die der Bundesregierung dargestellt.

Die Bundesregierung fördert den Spitzensport und jegliche herausragende Leistungen, die das gesamte Land betreffen. Im Jahr 2016 stellte das Bundesministerium des Innern ca.180 Millionen Euro zur Verfügung, um den Spitzensport zu unterstützen (Bundesregierung Jahresbericht 2015/2016). Der Grund hierfür liegt darin, dass das Ansehen für Deutschland durch sportliche Erfolge steigt. Die gewonnene Fußballweltmeisterschaft im Jahr 2014 hat einen historischen Moment geschaffen und im Jahr 2018 haben die deutschen Athleten mit mehr als neun Goldmedaillen bei den Olympischen Spielen in Pyeongchang bewiesen, dass sich die Förderungen der Bundesregierung auszahlen. Durch diese Erfolge ist das Ansehen des Landes mehr gestiegen und viele Deutsche haben den Kampf und die Medaillen verfolgt. Leistungen wie diese motivieren andere Menschen, unabhängig vom Alter oder Leistungszustand,dazu auch sportlich aktiv zu werden (BMI, 2017a). Zusammenfassend kann man also sagen, dass der Spitzensport als Vorbildfunktion fungiert und dafür sorgen soll, dass Integration und Soziales durch den Sport wächst.

Der Breitensport hingegen wird in erster Linie von den Kommunen und Bundesländern unterstützt. Hierbei geht es nicht allein um Leistung, sondern vielmehr darum, Gemeinschaft zu schaffen und Werte wie Toleranz, Fairplay und Verlässlichkeit zu trainieren (BMI, 2017b).

Allerdings ist hier anzumerken, dass der Bund erst dann Fördermittel bereitstellt, wenn die eigenen Finanzierungsmöglichkeiten der Verbände aufgebraucht sind (BMI, 2017b).

Abschließend kann man also sagen, dass der erste Satz der Stellungnahme bestätigt werden kann und sich die Bundesländer und Kommunen auf den Breitensport konzentrieren, während die Bundesregierung die Attraktivität des gesamten Landes steigern will und somit den Spitzensport fördert.

3 Finanzierung und Betrieb von Sportanlagen

3.1 Investition und Finanzierung

Im Folgenden werden die Barwerte und der Kapitalwert der gegebenen Investition mit einer Laufzeit von fünf Jahren errechnet.

Tab. 2: Bekannte Daten (eigene Darstellung)

Gegeben:
→ Anfangsinvestition: 3.000.000 €
→ Verzinsung: 10%
→ Einnahmen: 1.000€ monatlich (netto) + 60.000€ jährlich (brutto)
→ Kosten: 100.000€ jährlich (netto)

Zunächst wird der Netto-Wert der Einnahmen ermittelt, mit dem in den folgenden Rechnungen auch weiter gerechnet wird:

60.000€ : 1,19 = **50.420,17€**

Da die Einnahmen von 1.000€ monatlich eingenommen werden, multipliziert man diese mit 12, um die Einnahme für das gesamte Jahr zu erhalten:

1.000€ x 12 = **12.000€**

1.Jahr:

Einzahlungen: 50.420,17€ + 12.000€ = 62.420,17€

→ Abzinsung 10% : 62.420,17€ : 1,10 = **56.745,60€ (Barwert)**

Auszahlungen: 100.000€

→ Abzinsung 10% : 100.000€ : 1,1 = **90.909,09€ (Barwert)**

2.Jahr:

Ab dem zweiten Jahr steigen die Einzahlungen um 15% und die Auszahlungen um 3%. In den folgenden Rechnungen wird dies direkt berechnet, ohne es für jedes Jahr neu zu erwähnen.

Einzahlungen: (50.420,17€ x 1,15) + 12.000€ = 69.983,2€

→ Abzinsung 10% : 69.983,2€ : $1,1^2$ = **57.837,35€ (Barwert)**

Fürs Verständnis: Im diesem Jahr wird der Abzinsungsfaktor hoch zwei genommen, weil wir uns im zweiten Jahr befinden. In den folgenden Jahren wird der Faktor dementsprechend angepasst.

Auszahlungen: 103.000€

Abzinsung 10% : 103.000€ : $1,1^2$ = **85.123,97€ (Barwert)**

3.Jahr:

Einzahlungen: (57.983,2€ x 1,15) + 12.000€ = 78.680,68€

→ Abzinsung 10% : 78.680,68€ x $1,1^3$ = **59.113,96€ (Barwert)**

Auszahlungen: 103.000€ x 1,03 = 106.090€

→ Abzinsung 10% : 106.090€ x $1,1^3$ = **79.706,99€ (Barwert)**

4.Jahr:

Einzahlungen: (66.680,68€ x 1,15)+12.000€ = 88.682,79€

→ Abzinsung 10% : 88.682,79 x $1,1^4$ = **60.571,53€ (Barwert)**

Auszahlungen: 106.090€ x 1,03 = 109.272,7€

→ Abzinsung 10% = 109.272,7€ x $1,1^4$ = **74.634,72€ (Barwert)**

5.Jahr:

Einzahlungen: (76.682,79€ x 1,15) + 12.000€ = 100.185,20€

→ Abzinsung 10% = 100.185,20€ : $1,1^5$ = **62.207,13€ (Barwert)**

Auszahlungen: 109.272,7€ x 1,03 = 112.550,89€

→ Abzinsung 10% = 112.550,89€ : $1,1^5$ = **69.885,24€ (Barwert)**

Summe Barwerte Einzahlungen: 56.745,60€ + 57.837,36€ + 59.113,96€ + 60.571,53€ + 62.207,13€ = **<u>296.475,58€</u>**

Summe Barwerte Auszahlungen: 90.909,09€ + 85.123,97€ + 79.706,99€ + 74.634,72€ + 69.885,24€ = **400.260,01€**

Einnahmen – Ausgaben= - 103.784,43€

Anfangsinvestition (im Negativen) addiert mit (Einnahmen minus Ausgaben)

-3.000.000€ + (296.475,58€ - 400.260,01€) = **-3.103.784,43€**

Der Kapitalwert der Investition beträgt -3.103.784,43€.

3.2 Auslastungsanalyse einer Sportanlage

Nachfolgend wird die Auslastung einer Sportanlage tabellarisch dargestellt.

Tab. 3: Auslastungsanalyse

Belegungszeit-raum	Belegung Stunden	Belegung Sportart	Belegungsdichte	Belegungsdichte
	Stunden	Sportart	Ist	Soll
Montag 17:00-18:30	1,5	Handball	14	12
Dienstag 20:00-21:30	1,5	Keine Belegung	-	15
Mittwoch 19:00-21:30	2,5	Basketball	15	20
Donnerstag 20:00-22:00	2	Fußball	18	15
Freitag 19:00-20:00	1	Badminton	5	15
Insgesamt	8,5		52	77
Ist-Nutzungsdauer (Std./Wo.)			7	
Soll-Nutzungsdauer (Std./Wo.)				8,5
Ist-Sportler			52	
Soll-Sportler				77
Ist-Sportlerstd. (Spo x Std./Wo.)			78,5	
Soll-Sportlerstd. (Spo x Std./Wo.)				95
Auslastung in %				73,43%
Maximale Nut-zungskapazität				83,00%
Nutzungskapazi-tät Potenzial				9,57%

Rechenwege:

Ist-Nutzungsdauer: 1,5+2,5+2+1 = 7

Soll-Nutzungsdauer: 1,5+1,5+2,5+2+1 = 8,5

Ist-Sportler: 14+15+18+5 = 52

Soll-Sportler: 12+15+20+15+15 = 77

Auslastung (Soll/ Ist): (1,5 x 15+ 2,5 x 15+ 2 x 18+ 1 x 5) / (1,5 x 12+ 1,5 x 15+ 2,5 x 20+ 2 x 15+ 1 x 15) = 0,734

→ 0,734 x 100 = 73,4 %

Kapazitätsreserve: 83 % - 73,4 % = **9,57 %**

Um die Auslastungsanalyse vollständig durchführen zu können, müssen einige Kriterien berücksichtigt werden. Die Ist-Nutzungsdauer gibt an, wie viele Stunden pro Woche die Anlage tatsächlich genutzt wird. Das Gegenstück hierzu ist die Soll-Nutzungsdauer, die angibt, wie viele Stunden pro Woche die Anlage genutzt werden kann und vor allem sollte (Bach, 2004, S.104). Die Stunden der Ist-Nutzungsdauer werden addiert und daraufhin mit den addierten Stunden der Soll-Nutzungsdauer abgeglichen, da somit schon die ersten Schwachstellen der Auslastung deutlich werden. Daraufhin werden die Ist-Sportler insgesamt mit den Soll-Sportlern insgesamt verglichen. Die Vorgehensweise ist die selbe wie beim Berechnen der Nutzungsdauer. Die Anzahl der Ist-Sportler, d.h. nur die Sportler, die tatsächlich anwesend sind, wird wieder addiert und anschließend mit der Summe der Soll-Sportler verglichen.

Um die prozentuale Auslastung zu ermitteln, müssen zunächst die „Ist-Sportlerstunden" und die „Soll-Sportlerstunden" ermittelt werden. Die „Ist-Sportlerstunden" sind das Produkt aus der Ist-Nutzungsdauer und der Ist-Belegungsdichte, was bedeutet, dass für jeden Wochentag die Ist-Nutzungsdauer mit der Ist-Belegungsdichte multipliziert werden und alle Produkte miteinander addiert werden. Die „Soll-Sportlerstunden" werden nach dem gleichen Prinzip ermittelt, nur dass in diesem Falle die Produkte der Soll-Nutzungsdauer und der Soll-Belegungsdichte addiert werden. Hat man diese beiden Werte ermittelt, dividiert man die Ist-Auslastung durch die Soll-Auslastung und erhält eine Dezimalzahl. Zuletzt multipliziert man diese mit 100 und erhält die prozentuale Auslastung der Anlage.

In der Beispielaufgabe wird mit einer maximalen Nutzungskapazität von 83% kalkuliert. Nach der Durchführung der Auslastungsanalyse wird deutlich, dass die Sportanlage eine Auslastung von 73,43% hat, was also bedeutet, dass fast 10% (9,57%) zur maximalen Nutzungskapazität fehlen. In jedem Fall gilt es, eine möglichst geringe Kapazitätsreserve anzustreben, wobei abschließend noch anzumerken wäre, dass die 100%-ige Auslastung einer Anlage nahezu unmöglich ist, da die Sportler meist die gleichen Zeitfenster für ihre sportlichen Aktivitäten favorisieren (Bach, 2004, S.111).

3.3 Auslastungsoptimierung

In der folgenden Tabelle wird eine Optimierung der Auslastung dargestellt, die zum Ziel hat, die Auslastung in Prozent der maximalen Nutzungskapazität so weit wie möglich anzunähern.

Tab. 4: Auslastungsoptimierung

Belegungszeit-raum	Belegung Stunden	Belegung Sportart	Belegungsdichte	Belegungsdichte
	Stunden	Sportart	Ist	Soll
Montag 17:00-18:30	1,5	Badminton	5	12
Dienstag 20:00-21:30	1,5	Handball	14	15
Mittwoch 19:00-21:30	2,5	Fußball	18	20
Donnerstag 20:00-22:00	2	Basketball	15	15
Freitag 19:00-20:00	1	-	-	15
Insgesamt	8,5		52	77
Ist-Nutzungsdauer (Std./Wo.)			8,5	
Soll-Nutzungsdauer (Std./Wo.)				8,5
Ist-Sportler			52	
Soll-Sportler				77
Ist-Sportlerstd. (Spo x Std./Wo.)			103,5	
Soll-Sportlerstd. (Spo x Std./Wo.)				135,5
Auslastung in %				76,38%
Maxmale Nutzungskapazität				83,00%
Nutzungskapazität Potenzial				6,62%

Durch das Umplanen der einzelnen Sportarten hat sich die Kapazitätsreserve von 9,57% auf 6,62% reduziert, sodass die Auslastungsnutzung der Sportanlage verbessert wird. Trotz des Umlegens der Sportarten, ist die Ist-Belegungsdichte nie über dem Soll-Wert, sodass keine gravierenden Platzprobleme vorliegen. Um die Kapazitätsreserve noch weiter zu reduzieren, könnten die derzeit weniger genutzten Sportarten mehr beworben werden, sodass beispielsweise die Ist-Belegungsdichte von Badminton (5) sich weiter dem erwünschten Soll-Wert von 12 nähert. So wäre die Anlage am Montag während des Badmintons optimal ausgelastet. Bei der Auslastungsoptimierung muss darauf geachtet werden, dass die Ist-Nutzung sich weiter der Soll-Nutzung annähert. Allerdings trägt das nicht zur prozentualen Auslastungskapazität bei. Um die Auslastung zu erhöhen, ist es daher vorteilhaft, die attraktiven Sportarten auf längere Trainingszeiten zu schieben, um die Ist-Sportlerstunden zu erhöhen, da sich nur so rein rechnerisch die prozentualen Auslastungen verbessern.

3.4 Nachhaltigkeit von Sportstätten

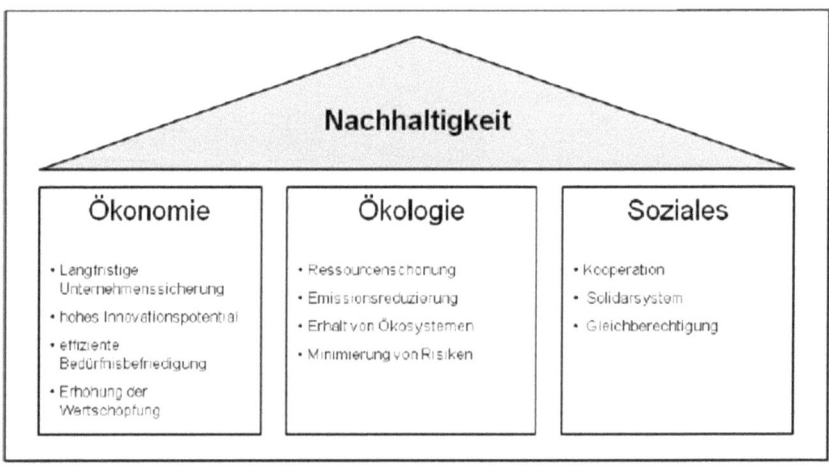

Abb. 19: Drei-Säulen-Modell der Nachhaltigkeit (modifiziert nach Hauff & Kleine, 2009, S. 17)

Abb. 3: Drei-Säulen-Modell der Nachhaltigkeit (modifiziert nach Hauff & Kleine, 2009, S.17)

Der Begriff „Nachhaltigkeit" ist schon lange Zeit ein wichtiger Aspekt in unserer Gesellschaft. So, wie die Landwirtschaft nachhaltig mit ihren Ressourcen wirtschaften muss, müssen auch die Sportstätten und Sportanlagen nachhaltig wirtschaften. Heutzutage versteht man unter „Nachhaltigkeit" umwelt- und sozialverträgliche wirtschaftli-

14

che Erfolge, während gleichzeitig die Nachhaltigkeitsdimensionen „Ökologie", „Öko-
nomie" und „Soziales" nicht außer Acht gelassen werden (Hauff & Kleine, 2009, S.17).

Hierbei richtet man sich nach dem „Drei-Säulen-Modell der Nachhaltigkeit"
(Hauff&Kleine, 2009), welches die drei genannten Dimensionen beinhaltet. Die ökolo-
gische Nachhaltigkeit zielt auf den Erhalt des ökologischen Systems ab. Die Menschen
sollen mehr mit natürlichen Ressourcen arbeiten, weniger Schadstoffe produzieren und
mehr umweltschonende Maßnahmen verfolgen. Als weiterer Punkt folgt die ökonomische Nachhaltigkeit, die die Steigerung des Wohlstandes beinhaltet und langfristig Wirt-
schaftlichkeit schaffen und erhalten will.

Die letzte Dimension ist die soziale Nachhaltigkeit, die sich mit dem gerechten Zugang
zu Grundgütern beschäftigt. Grundgüter sind in diesem Fall unter anderem Toleranz,
Gemeinwohlorientierung und Gerechtigkeitssinn, um langfristig einen gesellschaftlichen Zusammenhalt zu gewährleisten (Hauff, 1987, S. 21).

Bezieht man diese drei Säulen nun auf Sportanlagen, wird deutlich, dass auch Betreiber
von Sportanlagen langfristig nachhaltig wirtschaften und handeln müssen. Ziel sollte es
sein, dass ein möglichst großer wirtschaftlicher und gesellschaftlicher Nutzen entsteht,
sodass sowohl die Betreiber, als auch die Sportler möglichst viel Gewinn schöpfen.
Wichtig beim Bau einer Sportanlage ist es, dass ressourcenschonend gebaut wird, um
die Umwelt zu schonen. Außerdem fallen bei großen Sportanlagen enorme Energiekos-
ten an, die es beispielsweise durch Ökostrom oder sich selbstständig ausschaltende
Stromgeräte zu senken gilt. Im Bezug auf die ökonomische Nachhaltigkeit geht es darum, wirtschaftlich zu bleiben und keine unnötigen Investitionen zu tätigen. Hinzu
kommt hier natürlich auch, dass die Betreiber einer Sportanlage den Überblick über
Ein- und Ausgaben behalten, damit die Finanzierung gewährleistet ist. Auch der soziale
Aspekt spielt bei der Nachhaltigkeit von Sportanlagen eine große Rolle. Wird beispielsweise eine Sportanlage für einen Verein erbaut, ist es wichtig, dass hier keine Un-
terschiede im Bezug auf Herkunft oder Einkommen herrscht. Die Einrichtung muss für
jeden nutzbar sein und es soll ein Gefühl der Gemeinschaft entstehen.

Die drei Punkte sollen im optimalen Falle eng miteinander verknüpft werden und alle
gleichermaßen Beachtung erhalten.

Im Bezug auf Nachhaltigkeit sind die Olympischen Spiele ein großes Thema. Betrachtet
man die aufgestellte These, dass die nachhaltigsten Olympischen Spiele jene sind, die

gar nicht erst stattfinden, muss man differenziert vorgehen. Die Ausführung von Olympischen Spielen birgt für jedes Land ein großes Risiko und das nicht nur wirtschaftlich, sondern auch sozial-gesellschaftlich. In den vergangenen Jahren waren große Veranstaltungen leider oftmals ein beliebter Ort für Terroranschläge. Die Olympischen Spiele locken viele Sportler, Touristen und Sponsoren an und bilden somit ein gewisses Risiko, was die gesellschaftliche Sicherheit angeht. Des Weiteren fallen für die Ausrichtung oftmals Kosten in mehrfacher Milliardenhöhe an, um zunächst die Wettkampfstätten zu errichten, für die nötigen Sicherheitsvorkehrungen zu sorgen oder das olympische Dorf aufzubauen. Ein Veto für die Olympischen Spiele hat Hamburg im Jahr 2015 eingelegt, nachdem die Abstimmung der Bevölkerung ausgewertet war. Für Hamburgs Bürgermeister war diese Entscheidung sehr enttäuschend, da bis zum Jahr 2024 große Umbaumaßnahmen geplant waren, die sonst in etwa 20-30 Jahre in Anspruch genommen hätten und er dieses Projekt als das Wichtigste der Legislaturperiode angegeben hatte (Die Zeit, 2015). Die Umsetzung der Olympischen Spiele 2024 in Hamburg hätte schätzungsweise 11,2 Milliarden Euro gekostet und die Mehrheit der Bevölkerung war der Meinung, dass dieses Geld in anderen Projekten besser investiert wäre.

Dass es aber auch anders geht, hat London 2012 bewiesen. Für zwei Milliarden Pfund wurde das LOCOG (London Organisation Committee of the Olympic Games) gebildet, was sich aber vollständig durch den Erlös der Eintrittskarten, Sponsoren und Fernsehgelder refinanziert hat. Ziel war es, innerhalb von vier Jahren einen Zuwachs von elf Millionen Pfund an Handel und Industrie zu erreichen und die geplanten Zahlen wurden schon nach der Hälfte der Zeit übertroffen (DOSB, 2014). Des Weiteren ist die Zahl der Touristen angestiegen und der Bau des Olympiaparks lockt nach wie vor jedes Jahr viele Touristen an. Es zeigt sich also, dass die ökonomische Nachhaltigkeit in diesem Fall komplett erfüllt wird. Ein sehr wichtiger anderer Aspekt ist die soziale Nachhaltigkeit, die sich ebenfalls verbessert hat. Seit den Olympischen Spielen 2012 in London ist die Bevölkerung wesentlich sportlicher geworden. Etwa 1,7 Millionen mehr Einwohner im Alter über 16 Jahren treiben seit der Entscheidung 2005 nun regelmäßig Sport.

Zusammenfassend kann man also sagen, dass ich die aufgestellte These nicht unterstützen kann. Es sollte darauf geachtet werden, dass die Olympischen Spiele nur von Ländern ausgeführt werden, die die nötigen Voraussetzungen mitbringen und langfristige

Pläne darlegen können, wie die Spiele finanziert und organisiert werden können. London ist bereits als Paradebeispiel voraus gegangen und sollte für andere Länder ein Vorbild sein, an dem es sich zu orientieren gilt.

Außerdem sind die Olympischen Spiele für den gesellschaftlichen Zusammenhalt und vor allem das Ansehen eine sehr wichtige Veranstaltung, deren Wegfall nicht vorstellbar wäre. Besonders die Olympischen Winterspiele im Jahr 2018 zeigen wieder, wie hoch die Reichweite dieser Spiele ist und wie sehr das Ansehen der einzelnen Ländern steigt, wenn die Athleten erfolgreich abschneiden.

4 Digitale Vermarktung von Sportanlagen und Sportstätten

Nachfolgend werden vier verschiedene Digitalisierungsmöglichkeiten dargestellt, die der Profihandballclub in den Betrieb mit einbauen könnte, um sich zeitgemäß an den technischen Wandel anzupassen und einzelne Vorgänge vereinfachen kann.

Tab. 5: Digitalisierungsmöglichkeiten

Möglichkeit	Mehrwert Betreiber	Mehrwert Fans	Mehrwert Sponsor
WLAN	- Nutzungsverhalten der Zuschauer analysieren, um Leistungen zu verbessern - Bessere Umsetzung von Stadion-Apps → durch WLAN-Zugang wahrscheinlich auch mehr Nutzer	- schnelle Nutzung des Internets - Austausch der Spielergebnisse - Schnelles Posten von Fotos möglich - Erleichterte Nutzung der Stadion-Apps	- Datensammlung der Nutzer - Erfassung von Zielgruppen - Zielgerichtetes Schalten von Angeboten
Soziale Medien	- Kundenbindung und Kundengewinnung - Erhöhte Reichweite durch regelmäßige Posts und Verlinkungen der Fans - Einfache Anwendung	- Fans können ihre Vereine auch online außerhalb der Spieltage verfolgen (z.B. auf Instagram Fotos vom täglichen Training anschauen) - Zusammenhalt - Austausch von Nachrichten	- Vereinfachtes Schalten von Werbung → Bilder auf Instagram posten, Aktionen über Facebook schalten - engere Verbindung mit dem Verein durch gemeinsame Fotos - Datensammlung der Nutzer um Zielgruppen zu bestimmen
Catering- App	- Vereinfachtes Arbeiten - Einsparen von Personal - Effizienteres Arbeiten - Datensammlung der Kunden, um Leistungen zu verbessern oder Angebote den Kunden entsprechend anzupassen - Weniger Bargeld vor Ort durch Onlinezahlung (Paypal)	- Schnelles Bestellen, ohne lange anzustehen - Bezahlung ohne Bargeld möglich - Möglichkeit, das Spiel zu verfolgen und gleichzeitig ein Bier zu erhalten, ohne seinen Platz verlassen zu müssen	- Minderung von Streuverlusten - Möglichkeit, um Werbung zu schalten - Bessere Vermarktung der Produkte - Ggf. Artikel der Sponsoren anbieten, die ebenfalls über die App gekauft werden können → Steigerung des Gewinns durch Erleichterung des Einkaufs
LED- Werbebanden	- Mehreinnahmen, da mehrere Sponsoren durch die wechselnden Bilder gleichzeitig bedient werden können - Vereinfachtes Arbeiten, da nicht ständig die Banden ausgetauscht werden müssen, sondern alles elektronisch läuft - Optische Verbesserung durch mehr „Hightech"	- Abwechslung für die Fans - Verleiht dem Stadion mehr Atmosphäre - Entertainment durch verschiedene Bilder auf den Banden	- Bessere Möglichkeiten, sich selbst zu vermarkten durch bewegte Bilder - Mehr Möglichkeiten durch den elektronischen Ablauf - Leichteres Wechseln der Werbung - Durch die LED's erlangen die Banden mehr Aufmerksamkeit und der Sponsor erhält mehr Beachtung

5   Literaturverzeichnis

Hübner, H., Wulf, O. (2015). *Sportstättennachfrage und Sportstättenangebot für den Fußballsport in Münster.* Forschungsstelle „Kommunale Sportentwicklungsplanung". Bergische Universität Wuppertal.

Online   Zugriff   am   07.01.2018:   https://www.sportsoziologie.uni-wuppertal.de/fileadmin/sportsoziologie/Muenster/Gesamt_C1.pdf

Bundesinstitut für Sportwissenschaft (BISP). (2000). *Leitfaden für die Sportstättenentwicklungsplanung.* Schondorf: Hofmann-Verlag

Bach, L. (2004a). Nutzung von Sportstätten – Formen der Nutzung und Analyse der Auslastung. In Landessportbund Hessen (Hrsg.), *Sportstätten-Management. Neue Wege für vereinseigene und kommunale Sportstätten* (Zukunftsorientierte Sportstättenentwicklung, Bd. 6, 1. Aufl., S.97-112). Frankfurt: Meyer und Meyer.

Jahresbericht der Bundesregierung 2015/2016. (2018). *Sport.* Zugriff am 17.02.2018: https://www.bundesregierung.de/Webs/Breg/DE/Themen/Jahresbericht_2015_2016/08_Kultur-Medien-Sport/7_Sport/_node.html

Bundesministerium des Innern (BMI). (2017a). *Sport.* Zugriff am 17.02.2018: https://www.bmi.bund.de/DE/themen/sport/sport-node.html

Bundesministerium des Innern (BMI). (2017b). *Sportförderung.* Zugriff am 17.02.2018: https://www.bmi.bund.de/DE/themen/sport/sport-node.html

Bach, L. (2004). Nutzung von Sportstätten – Formen der Nutzung und Analyse der Auslastung. In Landessportbund Hessen (Hrsg.), *Sportstätten-Management. Neue Wege für vereinseigene und kommunale Sportstätten.* (Zukunftsorientiere Sportstättenentwicklung, Bd. 6, 1. Aufl., S.97-112. Frankfurt: Meyer und Meyer.

20

Hauff, M. von. & Kleine, A. (2009). *Nachhaltige Entwicklung. Grundlagen und Umsetzung*. München: Oldenbourg.

Hauff, V. (Hrsg.). (1987). *Unsere gemeinsame Zukunft. Der Brundtland- Bericht der Weltkommission für Umwelt und Entwicklung*.

Die Zeit. (2015). *Hamburger sagen Nein zu Olympia*. Online Zugriff am 21.02.2018: http://www.zeit.de/politik/2015-11/olympia-bewerbung-hamburg-referendum

6 Abbildungs- und Tabellenverzeichnis

6.1 Tabellenverzeichnis

6.2 Abbildungsverzeichnis

BEI GRIN MACHT SICH IHR WISSEN BEZAHLT

- Wir veröffentlichen Ihre Hausarbeit, Bachelor- und Masterarbeit

- Ihr eigenes eBook und Buch - weltweit in allen wichtigen Shops

- Verdienen Sie an jedem Verkauf

Jetzt bei www.GRIN.com hochladen und kostenlos publizieren